Mariann Bush
Dunkelrote Brombeeren

Mariann Bush

Dunkelrote Brombeeren

Rediroma-Verlag

Bibliografische Information der Deutschen Nationalbibliothek:
Die Deutsche Nationalbibliothek verzeichnet diese Publikation in der Deutschen Nationalbibliografie; detaillierte bibliografische Daten sind im Internet über http://dnb.ddb.de abrufbar.

ISBN 978-3-96103-416-1

www.rediroma-verlag.de
6,95 Euro (D)

Inhalt

Bonmot

„Schreiben ist für mich wie das Salz in der
Suppe
des Lebens,“
Dann bin ich,-
„Eine, die Deine,
wie Keine.“

Vorwort

Mein Dankeschön an Berlin
(„ohne, weitere Kommentare“)

Vormärz

„Am Sonntag ging ich Brötchen holen,
am Dienstag ging ich einkaufen,
Am Mittwoch hatte er, ein merkwürdiges Geschenk, bekommen.“
8 - auf Ihrer Kleidung heißt (das Zeichen der Vereinten Nationen)
„Danke für Ihre Freundschaft, Herr Bush.“
„Das stimmt, wirklich!“

Antje, Skopje

„Und ging in die Stadt,
auf eine lange Reise
Von der sie wirklich, zurück kommt
Da lag ein Haus im hellen Sonnenlicht
Nicht arm, nicht reich
Ganz beschaulich, wie in der Abfolge
des Gesprochenen
„Antje, Skopje“.
Die Klassenzimmer waren leer.
„Verlaufen und keinen Kaffee, vorbei ge-
bracht.“
(„Über die Liebe“)

Märzblume

„Märzblume, sieh auf!“
Sieh auf, wie sie aufgeht und zersprießt.
Sich räkelt und streckt,
Im warmen Sonnenlicht.
Nur manchmal so scheint
aus Unvernunft, dem Tode,
so nah.“

Vor meinem Heimatland bin ich gestorben

(In Gedenken an Konrad Adenauer)

„Vor meinem Heimatland bin ich gestorben
Täglich hat sie geweint,
Täglich stand der Feind, vor der Tür.
„3 Kinder sollst Du bekommen, Du alter Hund,
davon soll Eins, das Kind der Nation sein.“

Eigentlich

„Eigentlich, ist alles manchmal, so schwer.
Eigentlich, ist alles, ganz einfach.
Eigentlich, so trübt Dich, das Leben.
So ist Deins auch meins,
Und nie mehr, allein.“
(10)

Gedanken von Gestern (an Heute)

„Der Wind erzählt mir manchmal,
den Zahn, der Zeit."
„Doch, wann war gestern?"
„Ich weiss es nicht mehr, ich habe es verges-
sen."
Nur manchmal, ein kleiner Amselhieb,
lacht verschmitzt und erinnert mich daran,
Wie wertvoll die Zeit im Leben ist, die uns
bleibt."
(11)

Am Bahnhof

„Es war einmal, das Leben.
Und das Leben, war ein Bahnhof.
Täglich fuhren, Züge ab.
Nur manche Menschen, konnten nicht einstei-
gen.
Sie hatten nämlich von ihren Eltern, keine
warmen Mäntel bekommen.
„Schade."
(12)

Das Märchen vom Friedrichslied

„In einer Zeit in der alles unmöglich schien,
erzähl ich dem Friedrichslied, ein Lied.“
„Dort am alten Ufer, werde ich stehen
Da kann ich Dir nicht, wiederstehen.“
(Altes Volksmärchen)
(13)

Danke

„So heiliger Vater, hab Dank
Vergelts Gott,
Ich denk an Euch,
Bis wir uns, widersehen."
(14)

Vita

1992-1997: Realschule
1997-1999: Polytechnische Oberschule (in Calw)
2000-2002: Berufskolleg für Sozialpädagogik und Fachabitur
2010-2013: Teilzeitstudium der Humanbiologie und Sozialpsychologie
Seit 2003: Pflege der alternden Eltern

Notizen